AF494468

1 Avril 1914

V

VENTE

Des MERCREDI 1er et JEUDI 2 AVRIL 1914

HOTEL DES VENTES DE VERSAILLES

9, rue Sainte-Geneviève, 9

A deux heures

TABLEAUX ANCIENS & MODERNES

PORCELAINES & FAIENCES

Objets d'Art et d'Ameublement

MEUBLES ANCIENS

Appartenant à M. Marcel LAMBERT

COMMISSAIRE-PRISEUR

Me G. FERREY

EXPERTS

MM. G. DUCHESNE ET R. DUPLAN

Imprimerie
Aubert ⚓ ⚓
Versailles

CATALOGUE

DES

OBJETS D'ART & D'AMEUBLEMENT

Anciens et Modernes

TABLEAUX ANCIENS & MODERNES

PORCELAINES et FAIENCES

Ivoires sculptés. – Objets de vitrine. – Objets divers

SCULPTURES

BRONZES D'ART ET D'AMEUBLEMENT

SIÈGES ET MEUBLES DIVERS

TAPIS D'ORIENT

Le tout appartenant à M. Marcel LAMBERT

ancien architecte du Château de Versailles et des Trianons

DONT LA VENTE AURA LIEU

A VERSAILLES, A L'HOTEL DES VENTES

9, rue Sainte-Geneviève, 9

LES MERCREDI 1er ET JEUDI 2 AVRIL 1914

A deux heures

COMMISSAIRE-PRISEUR	Experts pour les tableaux anciens, meubles et objets divers
Me GEORGES FERREY	**MM. DUCHESNE et DUPLAN**
9, rue Sainte-Geneviève, 9 à Versailles	*10, rue Rossini, à Paris*

EXPOSITIONS

Au Château de Versailles, aile Nord des Ministres, dans l'appartement de M. LAMBERT.

Particulière : Le SAMEDI 28 MARS 1914, de 1 h. 1/2 à 5 heures.

Publique : Le DIMANCHE 29 MARS 1914, de 1 h. 1/2 à 5 heures.

ORDRE DES VACATIONS

Le Mercredi 1er Avril 1914.

Tableaux anciens, faïences et porcelaines; nos 1 à 15 et 30 à 104.

Le Jeudi 2 Avril 1914.

Tableaux modernes, ivoires, objets de vitrine, bronzes d'art et d'ameublement, pendules, sièges et meubles.

Nos 16 à 29.
Nos 105 à 162.
Et Nos 163 à 186.

Le Vendredi 3 Avril 1914.

Au Château de Versailles, sur place : les plâtres et les maquettes.

NOTA. — *L'ordre numérique ne sera pas suivi.*

CONDITIONS DE LA VENTE

Elle sera faite au comptant.

Les acquéreurs paieront *dix pour cent* en sus des adjudications.

Les expositions particulière et publique permettant aux acquéreurs de se rendre compte de l'état et de la nature des objets, la vente étant d'ailleurs faite sans garantie, il ne sera admis aucune réclamation une fois l'adjudication prononcée.

NOTA. — ***Les plâtres et les sculptures de M. Marcel Lambert seront vendus sur place, au château, aile nord des Ministres, au rez-de-chaussée, le Vendredi 3 Avril, à deux heures.***

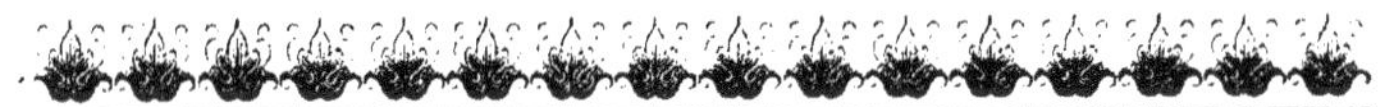

DÉSIGNATION

Tableaux anciens.

BOUCHER (Genre de)

1. — *Les Petits Oiseleurs.*

Les Plaisirs de la Pêche.

Deux tableaux se faisant pendant.

Toiles.

BOUCHER (Ecole de)

2. — *Jeune Bergère endormie surprise par un pâtre.*

Toile.

COYPEL (Noel)

3. — *Alexandre recevant les femmes de Darius, qui implorent sa clémence.*

Alexandre examinant les plans pour l'édification d'un palais.

Deux études pour les décorations de voussures des appartements de la Reine, au Palais de Versailles.

ÉCOLE HOLLANDAISE

4. — *Paysage.*

Au premier plan, deux chevaux, dans un paysage avec chiens et moutons.

ÉCOLE HOLLANDAISE (Genre de l')

5. — *Chez le Chirurgien.*

Le Joyeux Festin.

Deux tableaux se faisant pendant.

ÉCOLE ITALIENNE

6. — *Le Christ au Tombeau.*

Peinture sur cuivre.

ÉCOLE ITALIENNE

7. — *La Vierge, l'Enfant-Jésus et saint Joseph.*

Panneau, cadre en bois sculpté et doré.

ÉCOLE ITALIENNE

8. — *Paysage.*

Rocher avec arcade sous laquelle on voit un cavalier et une amazone.

GUIDO RENI (Ecole de)

9. — *Une Sibylle.*

Jeune femme vue à mi-corps, coiffée d'un turban et tenant à la main un parchemin.

Grand cadre Louis XIV, bois sculpté et doré.

LE BRUN (Attribué à)

10. — *L'Enlèvement des Sabines.*

Composition à nombreux personnages.
Gouache. Feuille d'éventail dans un encadrement.

MAGNASCO (Alex.)

11. — *La Fuite en Egypte.*

PANINI

12. — *Monuments en ruine dans des paysages animés de personnages.*

Deux pendants.

TINTORET le Jeune (Attribué à)

13. — *Saint Dominique se vouant à la Vierge.*

Scène d'allégorie religieuse.

Cadre vénitien, bois sculpté et doré.

VAN DER MEULEN (Ecole de)

14. — *Groupe de Cavaliers.*

Deux pendants.

WILL

15. — *Portraits de vieilles Paysannes.*

Deux pendants.

Tableaux modernes.

BENOUVILLE

16. — *La Campagne de Rome.*

Aquarelle rehaussée de gouache.

CURZON (A. DE)

17. — *Paysage avec ruines.*
Le Temple de Pestum.

Signé à droite.

DECAMPS

18. — *Paysage d'Afrique.*

Près d'un bouquet d'arbres, nombreux personnages autour d'une mosquée.

DECAMPS (Attribué à)

19. — *Attelage et charretier sur le cheval de flèche.*

Aquarelle.

*

ÉCOLE FRANÇAISE

20. — *Paysage : Le Pont de Mantes.*

Dans un petit bras de la Seine, un homme vu à mi-jambes dans l'eau, pêche à la ligne.

Toile.

ÉCOLE FRANÇAISE

21. — *Paysage.*

Au bord d'un étang deux jeunes paysans, l'un accroupi, l'autre debout appuyé à un arbre; au second plan se détache une silhouette de ville sur un ciel ensoleillé.

Toile.

GUDIN (H.)

22. — *Marines.*

Deux petits tableaux se faisant pendant.

IWILL (JOSEPH)

23. — *Sur la Lagune.*

Toile.

LAMBERT (EUGÈNE)

24. — *Réunion de jeunes chats.*

Signé à gauche.

Cadre bois sculpté et doré.

LAMBERT (EUGÈNE)

25. — *Le Chapeau de Cardinal.*

Des jeunes chats prennent leurs ébats sur une table où sont placés : un chapeau de cardinal, des in-folios, et divers objets.

Signé en haut et à droite.

Cadre bois sculpté et doré.

LAMBERT (EUGÈNE)

26. — *La Mère de Famille.*

Chatte surveillant les ébats de ses petits qui jouent autour d'elle.

Signé en bas à gauche.

Cadre bois sculpté et doré.

LEBOURG

27. — *La Seine au quai Voltaire vue du Pont des Saints-Pères.*

Signé à droite.

LEMATTE

28. — *Bethsabée.*

Signé en haut, à droite, avec dédicace.

MARILHAT (P.)

29. — *L'Acropole.*
L'Agora.

Deux paysages avec ruines, se faisant pendant.

Porcelaines et Faïences.

30. — Deux assiettes en porcelaine du Japon; décor polychrome à rehauts d'or.

31. — Deux compotiers en porcelaine du Japon; décor polychrome à rehauts d'or.

32. — Deux compotiers en porcelaine du Japon; décor polychrome à rehauts d'or.

33. — Deux compotiers en porcelaine du Japon; décor polychrome à rehauts d'or.

34. — Deux assiettes en porcelaine de la Compagnie des Indes; décor en polychrome à bouquets de fleurs et guirlandes.

35. — Deux plats longs octogonaux en ancienne porcelaine de la Compagnie des Indes; décor polychrome.

36. — Deux assiettes creuses en porcelaine de la Compagnie des Indes; décor en bleu sur blanc à rehauts d'or.

37. — Assiette en porcelaine de la Compagnie des Indes; décor de fleurs en polychrome.

38. — Assiette en porcelaine de la Compagnie des Indes; décor polychrome.

39. — Deux plats longs de forme octogonale, en porcelaine de la Compagnie des Indes; décor polychrome à fleurs.

40. — Deux plats ovales en porcelaine de la Compagnie des Indes; décor polychrome.

41. — Plat en porcelaine de la Chine; décor polychrome à fleurs et oiseaux; marli à réserves.

42. — Assiette creuse en porcelaine de la Chine; décor d'oiseaux, arbustes et fleurettes.

43. — Deux plats ronds en porcelaine de la Chine; décor en bleu sur blanc.

44. — Deux compotiers en porcelaine de la Chine; décor à bouquets de fleurs en polychrome.

45. — Deux vases de forme balustre en biscuit émaillé de la Chine; décor à personnages dans des intérieurs.

46. — Deux aiguières en porcelaine de la Chine, à décor polychrome dans le goût de la famille verte.

47. — Statuette de Kouan-In en porcelaine décorée.

48. — Vase à deux anses, en céramique chinoise, à décor de paysages; couvercle surmonté d'un chien de Fô.

49. — Grand plat rond en porcelaine de Saxe; décor à fleurs sur fond blanc.

50. — Deux groupes se faisant pendant en porcelaine de Saxe : éléphant guidé par son cornac et rhinocéros, chevauchés par des seigneurs en costume oriental.

51. — Deux tasses et soucoupes en porcelaine blanche à filets or et rose, à motif de médaillon (portrait de l'impératrice Joséphine).

52. — Quatre plats, dont deux à piédouches, en faïence italienne; décors divers.

53. — Plat en faïence d'Urbino, présentant au centre un groupe de deux enfants; marli à décor fond bleu.

54. — Plat rond en faïence italienne, décoré, au centre, d'une scène mythologique et, sur le marli, de coquillages, d'animaux et d'ornements divers, sur fond bleu.

Cadre en bois noir.

55. — Plat en faïence de Castelli, offrant, au centre, un décor à personnages : *Le Jugement de Pâris;* et, sur le marli, un décor à trophées sur fond bleu.

56. — Vase en faïence italienne; décor à médaillon en réserve offrant une figure de sainte; fond jaune.

57. — Plat en faïence d'Urbino, décoré, au centre, d'un groupe présentant Silène au milieu de nymphes et faunes.

58. — Petit plat à piédouche en faïence italienne; décor de Castelli offrant un buste entouré de rinceaux.

59. — Petit plat en faïence italienne, offrant, au centre, un buste de femme entouré d'un décor rayonnant, à rinceaux sur fonds alternés. vert et bleu.

60. — Deux potiches à panses renflées en ancienne faïence italienne, à décor de rinceaux et feuillages en polychrome sur fond bleu.

61. — Vase à panse renflée en faïence italienne; décor de fruits et feuillages en vert et jaune.

62. — Plat rond en faïence italienne; décor à chimères, figures ailées et rinceaux en grisaille sur fond bleu.

Cadre en bois sculpté, peint et doré.

63. — Plat en faïence italienne offrant, au centre, un décor : jeux de satyre, enfants et bouc sur un fond de paysage; et, sur le marli : amours, fruits et rinceaux.

64. — Deux pots à pharmacie avec anses et déversoirs, en ancienne faïence italienne; décor de fleurs, rinceaux et inscriptions.

65. — Vase à deux anses en faïence italienne; décor en polychrome à écusson et rosaces.

66. — Plat rond en faïence italienne; décor en polychrome représentant, au centre, un guerrier romain; sur le marli, ornements divers sur fond bleu.

67. — Deux plats ronds à large ombilic, en faïence italienne, à décor de Gubbio, représentant, au centre, des bustes de femmes, et, sur le marli, des réserves et un décor imbriqué.

68. — Deux vases à déversoirs en faïence italienne; décor en bleu sur blanc.

69. — Vase à couvercle en faïence italienne; décor à fond bleu, aux armes des Barberini ; anses formées par des serpents enroulés.

70. — Vase en faïence de Castel Durante ; décor polychrome à rinceaux et réserves sur fond bleu.

71. — Vase à panse renflée, en faïence de Castel Durante; décor polychrome à médaillon.

72. — Potiche couverte, en ancienne faïence de Delft ; décor à réserves, en bleu sur blanc.

73. — Potiche couverte, en ancienne faïence de Delft ; décor à réserves en bleu sur blanc.

74. — Deux plats creux en ancienne faïence de Delft ; décor chinois en bleu sur blanc.

75. — Plat rond et assiette en faïence de Delft ; décor polychrome.

76. — Boîte de forme contournée, en faïence à décor de Moustiers, en vert et jaune, représentant des animaux fantastiques et des branchages fleuris.

77. — Jardinière en faïence, décor de Marseille, à personnages et gerbes de fleurs en polychrome.

78. — Deux vases de pharmacie à panses, offrant un double renflement ; décor en bleu sur blanc.

79. — Pichet en faïence décorée en polychrome.

80. — Deux plats ronds et creux en faïence décorée à sujets d'oiseaux dans des branchages en polychrome.

81. — Deux petits plats ronds, en faïence du Midi, à décor polychrome.

82. — Plat long en faïence de Moustiers offrant, au centre, dans un médaillon, un sujet mythologique : *Le Sanglier de Méléagre,* et, sur le marli, des guirlandes.

83. — Trois plats longs en faïence décorée du Midi ; décor polychrome à bouquets de fleurs.

84. — Plat long en faïence du Midi ; décor en bleu et jaune à bouquets de fleurs.

85. — Plat long et creux en faïence décorée, dans le genre de Rouen, en bleu sur blanc.

86. — Quatre assiettes en faïence de Nevers, de l'époque de la Révolution, à décors patriotiques.

87. — Aiguière et assiette en faïence, décor de Rouen, en polychrome.

88. — Trois assiettes ou petits plats, décor de Rouen, en polychrome.

89. — Plat long, à bords contournés, à décor de Moustiers, en bleu sur blanc, d'après Bérain.

90. — Plat en faïence de Moustiers, décor d'après Bérain; en bleu sur blanc.

91. — Plat oblong en faïence, décor de Moustiers, en polychrome, offrant dans un médaillon, au centre, un sujet mythologique : *L'Enlèvement d'Europe,* et des guirlandes sur le marli.

92. — Fontaine et son bassin, en faïence de Rouen ; décor polychrome.

93. — Statuette en faïence, de Satzuma : *Bouddah accroupi.*

94. — Trois boîtes rondes et plates en faïence de Satzuma ; très fin décor à personnages.

95. — Trois théières en même faïence, et décor semblable.

96. — Brûle-parfums, à couvercle surmonté d'une chimère, en même faïence et de décor semblable.

97. — Paire de vases, en faïence de Satzuma ; fin décor de personnages avec rehauts d'or.

98. — Grande statuette en faïence de Satzuma, représentant une jeune femme assise sur un rocher; décor en polychrome à rehauts d'or.

99. — Bonbonnière en faïence, de Satzuma.

100. — Deux lécythes antiques, fond blanc, rouge et noir.

101. — Un vase antique : *Minerve*, sur fond noir.

102. — Vase en céramique, à décor couleur feuille morte, avec bordure du col et anses en émail bleu turquoise.

103. — Vase de forme surbaissée simulant un fruit, en grès flammé, de Léonard.

104. — Plat en faïence décorée offrant des poissons en relief; décor au naturel.

Ivoires sculptés japonais.

Objets de vitrine. — Objets divers.

105. — Groupe en ivoire sculpté.

Homme et quatre enfants, dont trois sont portés par lui dans les bras ou sur son dos.

Travail japonais. — Signé.

106. — Deux figurines en ivoire sculpté.

Joueurs de flûte.

Travail japonais. — Signé.

107. — Deux petits groupes en ivoire sculpté.

Homme portant un enfant qui tient un parasol.

Groupe d'hommes figurant des divinités dont une tient un fruit d'où s'échappe un jet d'eau.

Travail japonais. — Signés.

108. — Sept Netzukés en ivoire ou bois sculpté, à figures d'hommes ou de divinités.

Travail japonais.

109. — Deux figurines en ivoire sculpté.
Pêcheurs de raies.
Travail japonais. — Signées.

110. — Figurine en ivoire sculpté.
Chasseur.
Travail japonais. — Signée.

111. — Groupe en ivoire sculpté.
Homme portant quatre enfants.
Travail japonais. — Signé.

112. — Broche ovale formée d'une peinture sur nacre.
L'Amour couronnant l'Innocence.
Monture avec entourage de petites roses.

113. — Plaque en porcelaine peinte. Sujet à trois personnages.
L'Innocence hésitant entre le Vice et la Vertu.
Cadre doré.

114. — Trois éventails anciens.

115. — Paire de pistolets à canons damasquinés d'or. XVIIIe siècle.

116. — Pied de narghilé en fer incrusté d'argent.
Travail ancien de la Perse.

117. — Paire de ciseaux en fer damasquiné d'or.
Travail oriental.

118. — Poignard oriental.

119. — Bouddah en bois doré et laqué reposant sur un pied à fleur de lotus.

120. — Pendulette formée par un éléphant en porcelaine de Chine supportant le mouvement renfermé dans une tasse en même porcelaine.

Terrassement en bronze de style Louis XV.

121. — Vase porte-bouquet en verre, à décor truité en rouge et blanc.

122. — Monture de sabre japonais en os gravé.

123. — Lot de médailles, monnaies et plaques, anciennes et modernes, en argent et bronze.

Ce lot sera divisé.

Sculptures.
Bronzes d'art et d'ameublement.
Métaux divers. – Pendules.

124. — Groupe en terre cuite, par MARCEL LAMBERT.

Le Débardeur de Seine.

125. — Statuette en terre cuite, par MARCEL LAMBERT.

Le Réveil d'Eve.

126. — Statuette en terre cuite, genre Tanagra.

Femme debout.

127. — Terre cuite romaine (fragment).

Tête de femme.

128. — Statuette en bois sculpté, dans le style du XVIe siècle.

Chevalier revêtu de son armure.

129. — Important Christ en ivoire sculpté, XVIIe siècle.

Cadre ancien, en bois sculpté et doré.

130. — Statuette en bronze, par FALGUIÈRE.

Diane.

Edition de Thiébaut.

131. — Statuette en bronze, par A. IDRAC.

Salambô.

Edition Thiébaut frères.

132. — Statuette en bronze, par CAVALIER.

Pénélope.

Edition Barbedienne.

133. — Statuette en bronze, par ALLARD.

Le Petit Porteur d'eau.

134. — Statuette en bronze, patine verte.

Silène au trépied.

Moulage primitif sur les bronzes de Naples.

135. — Statuette en bronze, patine verte.

Faune dansant.

Moulage primitif sur les bronzes de Naples.

136. — Statuette en bronze, patine verte, d'après l'antique.

Narcisse.

137. — Petit bronze, par FRÉMIET.

Coq chantant.

138. — Petit bronze, par FRÉMIET.

Bécasse s'apprêtant à avaler une grenouille.

139. — Petit bronze, par FRÉMIET.

Chat faisant sa toilette.

Cire perdue.

140. — Cachet en bronze, par FRÉMIET.

Singe échappant à un serpent.

141. — Petit bronze, patine verte.

Lion marchant et rugissant.

142. — Petit groupe en bronze, par DALOU.

Le Paveur.
Fonte à la cire perdue.

143. — Quatre petits bronzes égyptiens.

Chat, momies, etc.

144. — Paire de vases en bronze à décors de fleurs en relief, signés : de Sanglan. Socles en marbre.

Edition de Thiébaut frères.

145. — Brûle-parfums en bronze chinois, à décor de dragons en relief.

146. — Bouilloire en ancien émail cloisonné de la Chine, reposant sur trois pieds formés, ainsi que le déversoir, par des têtes d'oiseaux fantastiques.

147. — Deux petites plaques en bronze offrant des bas-reliefs.

148. — Groupe en bronze rehaussé de dorures.

Bouddah chevauchant en éléphant.
Travail ancien annamite.

149. — Jardinière en cuivre gravé, de travail oriental, reposant sur un pied en fer forgé.

150. — Jardinière en cuivre martelé, avec pied en fer forgé.

151. — Plat en cuivre repoussé offrant, à l'ombilic, un buste d'homme.

152. — Plat en cuivre repoussé, décor à rosaces.

153. — Lampe juive en cuivre avec chaîne de suspension en fer forgé.

Travail vénitien.

154. — Lampe romaine à quatre becs, en cuivre argenté.

155. — Lustre hollandais en cuivre poli, aménagé pour le gaz.

156. — Deux appliques en cuivre poli formées par un serpent enroulé supportant trois lumières.

157. — Deux petits plats en étain gravé.

Décor à armoiries.

158. — Deux plats en étain gravé.

Décor à armoiries.

159. — Grande lampe formée par un vase de céramique de couleur rouge haricot ; monture en bronze ciselé, de Thiébaut.

160. — Pendule en marbre bleu turquin ornée de bronzes ciselés et dorés. Le mouvement soutenu par deux colonnes, est surmonté d'une statuette de Pallas Athénée en bronze doré; cadran signé de Thonissen, à Paris; marque les quantièmes.

Socle à frise et guirlandes de lierre entrelacées. Epoque Louis XVI.

161. — Pendule d'applique en marqueterie de cuivre et d'écaille, contre-partie avec ornements de bronze doré, avec socle-console en marqueterie de cuivre sur écaille.

162. — Pendule d'applique et sa console en bois peint décoré au vernis de fleurettes sur fond rouge; ornements en bronze doré; cadran signé de Suchet au Mans.

Epoque Louis XV.

Sièges et Meubles divers.

163. — **Grand Fauteuil** en noyer sculpté, d'époque Louis XIV, recouvert en imitation de tapisserie verdure.

164. — **Bergère** en bois sculpté, d'époque Louis XV, à pieds cambrés; dossier à médaillon; garniture en velours frappé, cloutée.

165. — **Fauteuil** en noyer sculpté, pieds à croisillons, siège et dossier foncés de canne.

166. — **Meuble de salon** en bois sculpté et doré, de style Louis XVI, recouvert en tapisserie ; décor à fleurs sur fond blanc dans des encadrements à rinceaux, contre-fond rouge. Il est composé d'un canapé, de quatre fauteuils et de quatre chaises.

167. — **Petit Meuble de salon** composé d'un canapé, d'un fauteuil et de quatre chaises en bois doré, couverts en tapisserie au point; décor à bouquets de fleurs sur fond brun.

168. — **Secrétaire** en marqueterie de bois de rose et bois de violette, s'ouvrant à abattant avec tiroir dans le haut et deux vantaux dans le bas; ornements en bronze; dessus en marbre gris. Epoque Louis XVI.

169. — **Commode** en acajou, à filets et ornements de cuivre; dessus en marbre blanc. Epoque Louis XVI.

170. — **Secrétaire** en acajou, à montants se terminant par des corps de cygne. Commencement du XIXe siècle.

171. — **Commode** en acajou, de décor semblable et de même époque.

172. — **Ençoignure** formant étagère, en noyer sculpté et gravé.

173. — **Vitrine** en bois sculpté et doré, à motifs de rinceaux et guirlandes; la partie supérieure formant dôme et offrant un motif à palmes et coquilles. Elle s'ouvre à un vantail et forme encoignure. Style Louis XV.

174. — **Pannetière** provençale et son pétrin, en noyer sculpté.

175. — **Grande Armoire** ancienne à deux portes pleines en chêne, avec écoinçons et bandeaux sculptés.

176. — **Grande Armoire** à portes pleines, en chêne sculpté; décor à branchages fleuris et rinceaux; XVIIIe siècle.

177. — **Console** en bois sculpté, ajouré et doré, à pieds cambrés réunis par un motif à rocailles. Epoque Louis XV. Dessus en marbre couleur fleur de pêcher.

178. — **Petite Table** à ouvrage, de forme carrée, en marqueterie de bois de rose et palissandre, à tablette d'entre-jambe; ornements en bronze.

179. — **Petit Autel** processionnel, en forme de temple, à colonnade avec deux personnages, en bois sculpté et doré, muni de son bâton.

180. — **Petite Console** d'applique, en bois sculpté, ajouré et doré. Travail italien.

181. — **Baromètre** en bois sculpté, surmonté d'une lyre enguirlandée; XVIIIe siècle.

182. — **Rouet** ancien.

183. — **Ancienne Horloge** à gaine, en chêne sculpté offrant un décor à fleurs, raies de cœur et motifs divers.

184. — **Horloge** à gaine, en bois, avec son mouvement XVIIIe siècle.

185. — **Grand Miroir** biseauté, cadre bois noir sculpté, parties dorées. Style italien.

Tapis d'Orient.

186. — Plusieurs carpettes et tapis de Prière orientaux à très beaux coloris.

Plâtres. – Maquettes.

187. — Quantité de maquettes, modèles, projets de monuments en plâtre, de M. Marcel Lambert, dont plusieurs ayant figuré à des expositions, mentionnés et primés, parmi lesquels :

Caïn et Abel;
Le Dernier Effort de Samson;
L'Hiver de la Vie;
Le Débardeur de Seine.

Statuettes provenant d'une maquette primée pour le monument de Gambetta.

TABLEAUX ANCIENS ET MODERNES

Porcelaines et Faïences

OBJETS D'ART ET D'AMEUBLEMENT

MEUBLES ANCIENS

Appartenant à M. **Marcel LAMBERT**

Carte d'Entrée à l'Exposition particulière

CHATEAU DE VERSAILLES, AILE NORD DES MINISTRES

Dans l'appartement de M. LAMBERT

Le Samedi 28 Mars 1914, de 1 heure 1/2 à 5 heures

COMMISSAIRE-PRISEUR

Mᵉ GEORGES FERREY

6, rue Sainte-Geneviève, 6

VERSAILLES

EXPERTS POUR LES TABLEAUX ANCIENS
MEUBLES ET OBJETS D'ART

MM. DUCHESNE & DUPLAN

10, rue Rossini, Paris

www.ingramcontent.com/pod-product-compliance
Ingram Content Group UK Ltd.
Pitfield, Milton Keynes, MK11 3LW, UK
UKHW022153170726
13837UKWH00004B/1957